Connaissances de base

Günther Dichatschek

Connaissances de base en matière de compétences médiatiques

Aspects historiques et théoriques, socialisation aux médias et défis actuels dans le contexte de l'éducation à la citoyenneté

ScienciaScripts

Cover image: www.ingimage.com

This book is a translation from the original published under ISBN 978-3-639-49935-3.

Publisher:
Sciencia Scripts
is a trademark of
Dodo Books Indian Ocean Ltd. and OmniScriptum S.R.L publishing group

120 High Road, East Finchley, London, N2 9ED, United Kingdom
Str. Armeneasca 28/1, office 1, Chisinau MD-2012, Republic of Moldova, Europe

ISBN: 978-620-7-30525-4

Table des matières

Remerciements

Je remercie Helmut Leitner pour l'aide technique qu'il m'a apportée lors de la rédaction du manuscrit.

Je tiens à remercier le service auteur de la maison d'édition pour sa collaboration sans faille pendant des années.

Introduction

Les médias jouent actuellement un rôle central dans la vie quotidienne, toutes couches sociales et générations confondues. Les médias traditionnels et numériques sont concernés.

Le déroulement de la communication, les canaux d'information et la manière d'interagir ont changé.

Le quotidien scolaire, les années d'apprentissage et d'études ainsi que le quotidien professionnel ont été transformés par la numérisation. Les thèmes sont discutés, des réseaux sont créés et le flot d'informations nécessite une compétence médiatique. Il est nécessaire de faire la distinction entre les informations importantes et les informations erronées ainsi qu'entre le contexte et les intérêts.

Dieter Baacke (1996/2007) a établi le concept de "compétence médiatique". Son modèle de compétences comprend la critique des médias, la connaissance des médias, l'utilisation des médias et la conception des médias.

La numérisation a fait apparaître de nouveaux aspects. Il en résulte des défis pour la politique, les familles et les secteurs de l'éducation avec l'utilisation respective des médias de leur responsabilité.

L'éducation aux médias est un facteur de participation sociale et de cohésion dans une démocratie. Une grande partie de la communication passe par les services d'information et les médias sociaux.

Les points de départ de l'étude sont

•   l'achèvement du cursus universitaire d'éducation politique,

•   l'accomplissement du cursus universitaire de compétence interculturelle,

- les années d'activité dans le domaine de la presse,

- la publication associée à la possibilité de travailler en réseau a renforcé l'intérêt pour le travail médiatique >

●

http://www.netzwerkgegengewalt.org/wiki.cgi?Medienarbeit (24.8.2023).

- En outre, la littérature spécialisée et les séminaires en ligne sur la formation continue de CONEDU/ BMBWF (2023) sont utiles.

La structure de l'étude résulte d'un intérêt personnel dans le contexte de l'éducation politique et d'éléments biographiques.

1 Aspects historiques et théoriques

La discussion dans l'Antiquité, dans le dialogue platonicien vieux de plus de deux mille ans entre Socrate et l'un de ses amis Phaidros dans un dialogue fictif, montre la controverse des médias. Selon lui, l'écriture alphabétique, nouvelle à l'époque, permettait d'écrire et de conserver les discours des philosophes.

Socrate était peu attiré par cette possibilité, au contraire, cet art crée une négligence de la mémoire. L'aversion pour l'écriture se manifeste également par l'absence de textes originaux de Socrate.

1.1 Changement des techniques

L'évolution des techniques médiatiques génère encore aujourd'hui du scepticisme, jusqu'à ce que la nouveauté devienne une évidence et détermine également la structure de la société.

1.1.1 Écriture - Typographie

Par la suite, l'écriture, puis l'imprimerie, ont conservé pendant des siècles une "forme de texte" typique. Marshall Mc LUHAN (1911-1980) a décrit cela dans "The Gutenberg Galaxy" (1962). Il suffit de penser aux grandes bibliothèques qui rassemblent le savoir de chaque époque (l'abbaye d'Admont, la plus grande bibliothèque monastique du monde).

1.1.2 Stockage de données en ligne

Entre-temps, la galaxie Gutenberg s'achève lentement, les données saisies numériquement dans des mémoires de données en ligne retiennent désormais virtuellement le savoir et les données. Il n'y a donc plus de livres sensoriels.

Le changement est caractérisé par un processus en trois parties : Rejet

- Approche - Acceptation de la technologie.

On le voit avec l'exemple de l'écriture - des livres - de la presse et aujourd'hui avec l'exemple de la radio-TV - de la TV commerciale - des formes de médias numériques.

Les médias tels que les livres, les films, la télévision et les médias sociaux ne sont pas seulement liés à des fonctions techniques, ils remplissent des fonctions de communication et sont intégrés dans un environnement social et des pratiques culturelles (cf. izpb 355 2/2023, 4-5).

1.2 Aspects cohérents

Les caractéristiques liées entre elles ne montrent pas seulement le maniement technique, le défi pédagogique de l'éducation avec, sur et par les médias dans une technique médiatique individuelle - collective ou autodéterminée - déterminée par d'autres.

1.2.1 Éducation aux médias

L'éducation aux médias signifie l'étude des systèmes médiatiques et de la conception des médias. Enfin, dans le processus de formation par les médias, il en résulte une didactique des médias par des processus d'apprentissage et des aides à l'apprentissage.

Ces aspects de la compétence médiatique touchent toutes les classes d'âge. Niklas LUHMANN (1927-1998) jugeait déjà il y a 25 ans que ce que nous savons aujourd'hui sur le monde, nous le devons aux médias de masse (cf. LUHMANN 1996). Parfois, la réalité est déformée et la réalité est activement influencée comme les orientations politiques ou de la mode.

masse que sont la radio, le cinéma et la télévision.

C'est surtout la jeune génération qui devait être protégée de la manipulation par des mesures légales dans l'après-guerre, dans le cadre d'une pédagogie de la préservation.

À partir des années soixante, l'"École de Francfort" - Theodor ADORNO (1903-1969) et Max HORKHEIMER (1895-1973) - s'est montrée critique à l'égard des médias de masse dans la "théorie critique". On mettait en garde contre les mises en scène capitalistes d'une industrie médiatique particulièrement moderne et influencée par les Etats-Unis.

Le terme "industrie culturelle" désignait le caractère marchand de la culture et sa commercialisation.

1.3.2 Pédagogie des médias

Un changement a commencé à s'opérer lentement avec le "choc Spoutnik" (satellite artificiel de la Terre - lancé le 4 octobre 1957 par l'Union soviétique) dans la "pédagogie médiatique éducative et technologique".

La critique du système éducatif exigeait des bases pour une compétitivité économique et des formations de qualité. La radio et la télévision, dans leur importance croissante, devraient atteindre l'objectif fixé.

L'utilisation de la télévision a également été introduite dans les écoles.

•   En 1961, la télévision scolaire a été proposée pour la première fois à titre d'essai à Hambourg, en 1964 en Bavière, et régulièrement en 1969 en Rhénanie-du-Nord-Westphalie ; la télévision scolaire a été proposée sur l'ensemble du territoire allemand en 1972.

1.2.2 Numérisation

La numérisation entraîne une intensification de la recherche d'informations et de la gestion des structures bureaucratiques (voir l'Estonie en tant que modèle au sein de l'UE). La rapidité des formes de communication est sans précédent.

Fake news, bulle de filtre ou hatespeech, l'éducation aux médias est souvent considérée comme un moyen de réussir la communication. Dans ce contexte, Jürgen HABERMAS (2022) estime que, tout comme l'imprimerie avait fait de tous des lecteurs, la numérisation fait aujourd'hui de tous des auteurs potentiels.

Par la suite, l'étude entend montrer l'importance que revêtent aujourd'hui les compétences médiatiques dans le contexte de l'éducation à la citoyenneté.

1.3 Pour le développement de la compétence médiatique

Il a fallu attendre le XXe siècle pour que les termes "compétence" et "médias" soient mis en contexte.

Dieter BAACKE (1934-1999) avait introduit pour la première fois la notion de compétence. Cela a entraîné un changement dans la pédagogie des médias, la question centrale étant désormais "Que font les gens avec les médias ?" et non "Que font les médias avec les gens ?" (cf. ci-après izpb 355 2/2023, 6-8).

1.3.1 Changement de paradigme

Les bases de ce changement de paradigme étaient, après la Seconde Guerre mondiale, la "pédagogie de conservation" et la "technologie éducative" pratiquées en Allemagne. Dans le cadre des mesures de "rééducation", les puissances occupantes ont utilisé les médias de

1 Aspects historiques et théoriques

La discussion dans l'Antiquité, dans le dialogue platonicien vieux de plus de deux mille ans entre Socrate et l'un de ses amis Phaidros dans un dialogue fictif, montre la controverse des médias. Selon lui, l'écriture alphabétique, nouvelle à l'époque, permettait d'écrire et de conserver les discours des philosophes.

Socrate était peu attiré par cette possibilité, au contraire, cet art crée une négligence de la mémoire. L'aversion pour l'écriture se manifeste également par l'absence de textes originaux de Socrate.

1.1 Changement des techniques

L'évolution des techniques médiatiques génère encore aujourd'hui du scepticisme, jusqu'à ce que la nouveauté devienne une évidence et détermine également la structure de la société.

1.1.1 Écriture - Typographie

Par la suite, l'écriture, puis l'imprimerie, ont conservé pendant des slècles une "forme de texte" typique. Marshall Mc LUHAN (1911-1980) a décrit cela dans "The Gutenberg Galaxy" (1962). Il suffit de penser aux grandes bibliothèques qui rassemblent le savoir de chaque époque (l'abbaye d'Admont, la plus grande bibliothèque monastique du monde).

1.1.2 Stockage de données en ligne

Entre-temps, la galaxie Gutenberg s'achève lentement, les données saisies numériquement dans des mémoires de données en ligne retiennent désormais virtuellement le savoir et les données. Il n'y a donc plus de livres sensoriels.

Le changement est caractérisé par un processus en trois parties : Rejet

- Approche - Acceptation de la technologie.

On le voit avec l'exemple de l'écriture - des livres - de la presse et aujourd'hui avec l'exemple de la radio-TV - de la TV commerciale - des formes de médias numériques.

Les médias tels que les livres, les films, la télévision et les médias sociaux ne sont pas seulement liés à des fonctions techniques, ils remplissent des fonctions de communication et sont intégrés dans un environnement social et des pratiques culturelles (cf. izpb 355 2/2023, 4-5).

1.2 Aspects cohérents

Les caractéristiques liées entre elles ne montrent pas seulement le maniement technique, le défi pédagogique de l'éducation avec, sur et par les médias dans une technique médiatique individuelle - collective ou autodéterminée - déterminée par d'autres.

1.2.1 Éducation aux médias

L'éducation aux médias signifie l'étude des systèmes médiatiques et de la conception des médias. Enfin, dans le processus de formation par les médias, il en résulte une didactique des médias par des processus d'apprentissage et des aides à l'apprentissage.

Ces aspects de la compétence médiatique touchent toutes les classes d'âge. Niklas LUHMANN (1927-1998) jugeait déjà il y a 25 ans que ce que nous savons aujourd'hui sur le monde, nous le devons aux médias de masse (cf. LUHMANN 1996). Parfois, la réalité est déformée et la réalité est activement influencée comme les orientations politiques ou de la mode.

- L'Autriche a lancé la télévision scolaire en 1964 et l'a abandonnée en 1990.

- Parmi les conditions d'utilisation complexes, il y avait non seulement l'exigence du groupe cible, mais aussi une compréhension didactique de base.

1.3.3 Éducation aux médias

En 1973, Dieter BAACKE (germaniste et théologien) a posé la première pierre d'une compétence médiatique en associant le thème des médias à la pédagogie dans son ouvrage "Kommunikation und Kompetenz". Les gens devraient être en mesure d'utiliser les médias de manière active et sûre, avec une extension de la communication.

Les médias ne doivent pas être considérés comme quelque chose de destructeur au sens de l'"école de Francfort".

"Les médias individuels" tels que les bandes magnétiques et les caméras vidéo sont des médias communicatifs avec lesquels les gens se déplacent activement dans le monde.

Dans les années 1970, les récepteurs commencent à choisir les médias et leurs contenus en fonction de leurs propres motivations, intérêts et attitudes.

Il faudra toutefois attendre les années 1990 pour qu'une éducation aux médias se mette en place (voir ci-après izpb 355/2023, 9-10).

Il en résulte un défi avec un débat accru sur l'utilisation des médias dans la vie privée et sociale ainsi que sur la notion de compétence médiatique.

Avec la commercialisation croissante dans le domaine des médias, avec les chaînes de télévision privées et les exigences d'une société de la connaissance et de l'information, et enfin l'évolution vers une "société des médias" avec l'importance croissante des médias technologiques, la compétence médiatique acquiert ses propres "dimensions" telles que la critique des médias, l'étude des médias, l'utilisation des médias et la création de médias.

Le développement du concept coïncide avec l'émergence de l'ordinateur comme technologie de base d'une numérisation. Cela concerne l'augmentation rapide de l'équipement en PC (fixes et mobiles) dans le domaine privé.

Ici, l'ordinateur devient un concept de la politique de l'éducation. Des tâches importantes sont décrites dans les domaines de l'éducation, la compétence médiatique est axée sur le contenu de la numérisation et discutée de manière controversée dans le cadre de défis éducatifs orientés vers l'avenir.

De nombreuses études soulignent de plus en plus la grande importance de la socialisation aux médias dans l'appropriation des technologies par l'origine sociale et les conditions de l'adolescence. Modèle de compétence médiatique de Dieter Baacke

Éducation aux médias			
Opérateur	Orientation vers un objectif		
Critique des médias	Étude des médias	Utilisation des médias	Conception des médias
-analytique -réflexif -éthique	-informatif -instrumental- qualificatif	-réceptif-appliqué -interactif-offrir	-créatif -innovant

Source :

izpb 355 2/2023, 10

1.3.3.1 Critique des médias

Dans la dimension analytique, les processus sociaux sont saisis et structurés intellectuellement. Les raisons, les relations ou les dépendances et les motifs sont saisis de manière centrale. On s'interroge sur le "pourquoi". L'exemple du "savoir" renvoie par exemple au développement des médias, aux structures et aux relations dans leur différenciation.

La dimension réflexive concerne le fait de se saisir soi-même et son action propre/personnelle de manière analytique et de la considérer ainsi de manière différenciée (cf. l'importance de la réflexion dans les processus d'apprentissage personnels/l'éducation politique).

La dimension éthique concerne l'utilisation responsable et sociale des médias. Il s'agit par exemple, dans le domaine personnel, de l'utilisation de contenus médiatiques en fonction de l'âge ou de déclarations appropriées sur les réseaux.

Il s'agit en outre de la compétence de pouvoir porter des jugements de valeur sur les médias et leurs contenus.

1.3.3.2 Étude des médias

Il s'agit ici de la connaissance des médias actuels et de leurs systèmes. Le domaine informatif/les médias et leurs contenus et le domaine instrumental/qualitatif/le maniement et l'utilisation des appareils sont considérés de manière différenciée.

1.3.3.3 Utilisation des médias

On se réfère ici à l'action médiatique réceptive-applicative et interactive-offrante. Comment traiter ce que l'on a vu/compétence de réception. Interactif signifie un aspect de sollicitation.

1.3.3.4 Conception des médias

La composante créative et esthétique est ici abordée. Les changements et l'évolution du système médiatique seront d'intérêt.

1.3.3.5 Champs d'action pour la promotion des compétences médiatiques

Sélectionner et utiliser les offres médiatiques Concevoir et diffuser ses propres contributions médiatiques Comprendre et évaluer la conception des médias Reconnaître et traiter les influences médiatiques

Examen et évaluation des conditions de production et de diffusion des médias

Source :

Gerhard Tulodziecki (1997) : Les médias dans l'éducation et la formation, Bad Heilbrunn

1.3.4 Aperçu de Modèles d'éducation aux médias

L'aperçu suivant montre les développements ultérieurs du concept de compétence médiatique par Bernd Schorb (1997), Stefan Aufenanger (1997), Heinz Moser (2000) et Norbert Groeben (2002).

Bernd Schorb (1997)	Stefan Aufenanger (1997)	Heinz Moser (2000)	Norbert Groeben (2002)
Connaissances d'orientation et de structure	Dimension cognitive	Compétences techniques- Manipulation	Connaissance des médias/ Conscience de la médiumnité
Réflexivité critique	Dimension morale	Compétences réflexives- société Fonction	Capacité critique liée aux médias

Capacité d'action et habileté	Définition de l'action	Codes de compétences culturelles des médias	Sélection/ combinaison de Utilisation des médias
Social et créatif Interaction	Dimension sociale	Compétences sociales- Modèles de communication	Spécifique aux médias Modèles de réception
	Dimension affective		

Source : izpb 355 2/2023, 12

1.4 L'éducation civique en tant que partie intégrante de Éducation aux médias

Les modèles d'éducation aux médias présentés ci-dessus soulignent l'importance de l'évaluation des médias et des contenus.

L'éducation civique, en tant que composante d'une compétence médiatique, se compose de la perception, de la compréhension et du décodage du langage et des contenus médiatiques.

1.4.1 Consensus de Beutelsbach

Le "Consensus de Beutelsbach" 1976 > ●https://www.bpb.de/die-bpb/ueber- uns/auftrag/51310/beutelsbacher-konsens/ (8.10.2023) s'applique naturellement à l'évaluation des conséquences des médias et de leur contenu. Tous les domaines de l'éducation sont concernés, en particulier l'enseignement secondaire, tertiaire et quaternaire.

Les changements sociaux et les représentations médiatiques doivent être reconnus. On peut citer à titre d'exemple les représentations racistes et/ou stéréotypées dans les livres pour enfants et adolescents et les stéréotypes de genre tels que l'image dépassée de la femme au foyer.

Le processus de développement de la critique des médias est essentiel dans le contexte de l'éducation civique, qui est considérée comme un "apprentissage tout au long de la vie".

• Ainsi, en plus d'une formation ("fundamentum"), la formation continue et le perfectionnement ("addidivum") relèvent de la responsabilité pédagogique.

• Il est souhaitable de stimuler, d'encourager et de soutenir la réflexion personnelle à tous les niveaux de l'âge en raison du développement rapide des médias numériques.

1.4.2 Réseaux en ligne

Les réseaux en ligne populaires (sites de réseaux sociaux/SNS) tels qu'Instagram ou Tiktok (alternativement Pixlfeld ou Signal) sont actuellement des exemples de phénomènes sociaux et médiatiques avec leur utilisation variée comme les contacts, les informations, les explorations et la participation à une communauté.

1.4.2.1 Éducation aux médias

Dans le contexte de la compétence médiatique, la question des capacités et des connaissances des utilisateurs et d'une société médiatique actuelle se pose.

• Critique des médias -les aspects problématiques pour le l'individu et la société dans son ensemble

• Étude des médias - Connaissance sur le Plates-formes/modèles commerciaux- Historique de la création

• Utilisation et conception des médias - Capacités et aptitudes pour le contenu/la discussion de ses propres contributions

16

1.4.2.2 Éducation aux médias

Dans le site   contexte d'une éducation aux médias, les processus éducatifs et les potentiels éducatifs sont au centre de la réflexion.

•   L'éducation comme changement de la vision de soi et du monde

•   Relation à l'autre et directives de la société

•   Interactions - processus d'apprentissage/expériences

•   Réflexions - Orientations dans le savoir-agir-limites-biographie

Notions d'éducation aux médias

Structure - changement de l'image de soi et du monde Médialité - processus réciproque

Articulation - réflexivité Orientation - ouvert-indéterminé Source : izpb 355/ 2023, 19

1.4.3 Potentiel des processus éducatifs

Des potentiels (possibilités) particuliers pour les processus éducatifs et l'éducation politique résident dans la rencontre avec "l'autre" (étranger) et les différents points de vue (éducation interculturelle).

Les langues, les cultures, les religions et les biographies deviennent importantes (voir le contexte de la "compétence interculturelle").

•   Potentiel de réflexion - les rencontres avec d'autres points de vue constituent le point de départ de la réflexion (observation personnelle), comme les formations, les expériences avec des crises et des domaines problématiques.

•   Potentiel de flexibilisation - changement, développement et différenciation

• Potentiel de décentrage - autres points de vue justifiés à partir de différences régionales ou socioculturelles

Des processus éducatifs réussis nécessitent des impulsions ("déclencheurs") et des motivations (extrinsèques ou intrinsèques) pour l'inconnu.

Dans l'éducation politique et interculturelle, les processus de formation d'une simplification de contenus complexes donnent des réponses simples ou exemplaires (cf. "apprentissage exemplaire").

1.5 Apprentissage et Éducation

Le facteur particulier de la "formation" s'illustre dans la distinction avec l'"apprentissage".

• Celui qui découvre quelque chose de nouveau, qui fait de nouvelles expériences et qui les intègre à ses connaissances et à son point de vue antérieurs apprend. L'apprentissage conduit à une augmentation *quantitative* des connaissances dans le cadre d'un processus.

• En revanche, l'éducation est le processus qui consiste à intégrer le savoir dans sa vision actuelle et à provoquer un changement qualitatif.

Cela se manifeste de manière exemplaire dans la confrontation avec des nouveautés qui ne peuvent pas être simplement intégrées dans le savoir existant, mais qui rendent un changement nécessaire.

1.5.1 Éducation politique

Dans le terme "éducation à la citoyenneté", l'accent est mis sur l'éducation, car dans l'étendue des thèmes, les points de vue actuels nécessitent des changements et des développements (voir par exemple des thèmes comme la politique, la société, les médias, la durabilité, l'environnement, l'alimentation, la santé, les conflits, la paix et le climat).

1.5.2 Compétence médiatique - Éducation aux médias

Dans les termes "compétence médiatique" et "éducation aux médias", différents points de vue sur la réalité des médias sont évoqués (cf. développements technologiques et importance des médias dans la société).

• L'éducation aux médias - approche de la théorie de l'apprentissage > Pédagogie (possibilités d'action)

• Education aux médias - Approche de la théorie de l'éducation > Société (conséquences)

2 Contexte de la socialisation aux médias

Les contextes de socialisation tels que la famille, les crèches, l'école et les activités de jeunesse influencent ou favorisent différemment les compétences médiatiques et les milieux de vie des acteurs.

2.1 Famille

Dans le quotidien familial, l'utilisation des médias fait partie des évidences et influence la communication familiale (cf. izpb 355 2/2023, 22-27).

Le contexte résulte de l'évolution de la société, appelée "médiatisation" avec les multiples usages, qui conduit pratiquement partout à la communication avec des personnes non présentes (connectivité). Ils laissent également derrière eux des données qui peuvent être collectées et analysées (datafification).

Des études menées par exemple par le Medienpädagogischer Forschungsverbundes Südwest 2016 (mpfs) montrent les conséquences pour les familles en Allemagne. Les dernières tendances médiatiques sont souvent adoptées, les enfants actifs découvrent leur environnement de manière ludique, les médias étant considérés comme attrayants. Les adolescents utilisent les médias sociaux, ce qui incite les parents à utiliser plus activement les médias.

Jusque dans les années 80, la télévision était le principal média familial, complétée par des vidéos, des PC, des consoles de jeux et des appareils mobiles (smartphones, tablettes et smartwatches).

Actuellement, les enfants disposent d'un PC ou d'un ordinateur portable indépendamment de leur situation économique. L'étude KIM (Enfance, Internet, Médias) du Medienpädagogischer Forschungsverbund

Südwest montre que la plupart des enfants disposent également d'un smartphone à partir ou vers l'âge de dix ans. A partir de 12 ans, les appareils sont généralement utilisés quotidiennement.

Les développements des médias offrent aux familles des chances de vivre des expériences et des formes de discussion communes, une organisation de la vie familiale via les smartphones.

Les médias numériques modifient la vie familiale, ils l'enrichissent et sont également source de conflits et de problèmes. Lorsque les relations familiales sont défavorables, des formes d'utilisation dangereuses peuvent apparaître.

Face à la diversité des défis médiatiques, il est nécessaire d'acquérir une compétence médiatique en tant que

- Capacité à utiliser les offres de médias,

- Mise en place d'une utilisation ciblée, d'une attribution, d'une réflexion et d'une

- Responsabilité pour l'utilisation personnelle.

Des études sur les compétences des parents montrent que lorsque les compétences sont élevées, les enfants et les adolescents peuvent se sentir soutenus, conseillés et en sécurité lors de l'achat et de l'utilisation.

Il convient de souligner l'importance de l'éducation et de la formation des adultes ("éducation parentale") et la responsabilité croissante de l'éducation numérique des adultes (voir les possibilités d'apprentissage en ligne dans l'indépendance temporelle et spatiale).

Les objectifs pédagogiques pour adultes découlent

- Gestion de la mise à disposition des appareils > Orientation vers l'action

•   Utilisation de programmes spéciaux, co-utilisation avec les enfants et discussion > Pédagogie des médias

Comme dans d'autres domaines d'apprentissage, la motivation intrinsèque est stimulée lorsque les parents structurés encouragent et soutiennent les propres activités des enfants, soutenues par exemple par l'école, les bibliothèques et les organismes de formation (voir l'importance des réseaux dans l'éducation régionale).

2.2 Garderies d'enfants

L'éducation précoce aux médias fait partie des tâches éducatives des crèches. Dès leur naissance, les enfants grandissent dans des environnements numériques. Ils observent les parents dans leur utilisation des médias, ils sont fascinés par les images et les vidéos colorées (cf. izpb 355 /2023, 27-29).

Les enfants ont souvent des personnages préférés dans les médias, qui peuvent avoir des effets positifs sur leur développement (cf. fonction de modèle, car ils sont courageux et aident les autres).

2.2.1 Tâches de l'éducation aux médias

Tâches de l'éducation précoce aux médias/école maternelle :

•   Accompagnement pédagogique - réflexion/utilisation en fonction de l'âge

•   Liens avec d'autres organismes de formation/exploration-créativité

Outre les parents, il incombe également aux crèches de mettre en œuvre une éducation précoce aux médias. Il s'agit d'un groupe d'enfants à partir de trois ans environ, accompagnés d'un pédagogue. Il faut savoir gérer les expériences négatives liées aux médias.

Il s'agit également d'activer le travail des parents et de donner des conseils sur le choix des programmes, la durée des médias et les règles d'utilisation des médias.

2.2.2 Points forts

L'éducation aux médias chez les enfants se concentre sur une approche créative et créative de l'utilisation des médias.

•   Projets audio, photo et vidéo : dessins animés, livre d'images numérique, devinettes audio, sons enregistrés, dessins d'enfants et déguisements.

•   Musique, promotion de la langue - transition vers l'école

2.3 École

La mission d'éducation et de formation consiste à préparer les enfants et les adolescents à la vie et au quotidien et à leur permettre de participer de manière autonome et socialement responsable.

Il s'agit notamment de pouvoir réfléchir aux médias et à leurs manifestations dans un environnement numérisé et d'acquérir un maniement des compétences médiatiques en tant que technique culturelle (cf. izpb 355 2/2003, 29- 35).

2.3.1 Monde numérique

Monde numérique - manifestations-objets-situations Aspect-fonction

technologique > production et présentation Aspect-effet socioculturel >

importance socioculturelle Aspect-utilisation > habitudes personnelles

2.3.2 Compétences dans Matières scolaires

Les compétences qui résultent d'un processus d'apprentissage et d'enseignement dans toutes les disciplines scolaires sont les suivantes Traitement et conservation Communication et coopération Production et présentation Résolution de problèmes et action Analyse et réflexion

2.3.3 Potentiel scolaire

Création d'un environnement - Médias en tant que moyens d'enseignement/contenus spécialisés Action médiatique   -

    Expériences   et   Espaces de développement
-Possibilités de traitement

Changement   de   Cultures d'apprentissage   <
    Compétences transversales   Compétence -
    Expériences - Significations - Influences < Réflexion sur le développement de l'école et de l'enseignement / Potentiel d'amélioration

2.3.4 Didactique de la discipline

Les médias numériques permettent une didactique spécifique pour les processus d'enseignement en classe

•   Les contenus spécialisés peuvent être rendus accessibles par des vidéos explicatives ou par un travail médiatique actif des apprenants avec les enseignants.

•   Les évolutions historiques peuvent être vécues avec des lunettes de réalité virtuelle ou des vidéos à 360 degrés.

•   Les progrès d'apprentissage peuvent être documentés via des plateformes d'apprentissage numériques et devenir le point de départ d'un enseignement individualisé.

• Les niveaux d'apprentissage individuels peuvent être pris en compte grâce à des sources d'apprentissage multimédia en plus des textes, des vidéos d'apprentissage ou d'autres tâches d'apprentissage.

• La possibilité d'interactions entre apprenants et enseignants pour l'échange et le feedback ainsi que la coopération entre apprenants peut être utilisée. Des processus d'apprentissage communs et des produits d'apprentissage peuvent être créés.

L'évolution des cultures d'apprentissage dans les différentes disciplines scolaires modifie donc la didactique. Les médias nécessitent la promotion de compétences transversales et offrent des possibilités d'apprentissage autodirigé.

Il ne s'agit pas seulement de l'équipement technique des écoles, mais plutôt des objectifs d'apprentissage et d'enseignement qui, grâce à l'utilisation des médias numériques avec une intégration dans l'enseignement/le contenu des cours et dans l'école, constituent une évolution décisive.

2.3.5 Secteur des médias Éducation politique

Dans les matières scolaires thématiques que sont l'allemand, la géographie, l'histoire et l'éthique/la religion, des questions spécifiques telles que les fake news et les systèmes algorithmiques pour l'information et la formation d'opinion apparaissent.

Les contenus liés à la numérisation doivent également être abordés dans l'enseignement MINT / mathématiques, informatique, sciences naturelles et technique.

Les chances et les risques de l'intelligence artificielle/IA, les exigences de la protection de l'environnement/de l'écologie et de la promotion de la santé avec l'utilisation des médias numériques dans le contexte de l'éducation politique et des images véhiculées des rôles des sexes en relation avec la formation de l'identité/de la personnalité donnent lieu à des champs thématiques/des contenus d'enseignement liés aux disciplines avec l'utilisation des médias numériques.

L'éducation civique en tant que principe transversal/d'enseignement s'avère être une contribution importante à l'apprentissage et à l'enseignement scolaires.

2.4 Travail de jeunesse

En tant que champ d'éducation et instance de socialisation, elle englobe le développement personnel et social des jeunes en devenir pour en faire des personnes responsables et capables de vivre en communauté.

Les compétences en matière de médias et de communication occupent une place centrale.

Les offres d'animation jeunesse reposent sur le principe du volontariat et se déroulent pendant le temps libre.

La baisse apparente d'intérêt pour les offres est justifiée par le quotidien des jeunes/adolescents en dehors de l'école. Ce qui est intéressant, ce sont les étapes de développement/conflits dans la maîtrise des exigences des jeunes (cf. ERIKSON 1950 ; KRAPPMANN 1997, 66-92).

2.4.1 Développement psychosocial

Modèle des étapes du développement psychosocial selon Erikson (1950)

Niveau	Vieux
Confiance primaire vs. méfiance primaire	1
Autonomie vs. honte et doute	2-3
Initiative vs. sentiment de culpabilité	4-5
Sens de l'effort vs. infériorité	jusqu'à la puberté
Identité vs. diffusion de l'identité	Jeunes
Intimité et solidarité vs. isolement	Jeunes adultes
Générativité vs. stagnation	Adultes
Identité du moi vs. désespoir	Adultes matures

2.4.2 Les médias numériques comme espace social

En tant qu'orientation vers le monde de la vie et le quotidien, l'animation jeunesse a tout intérêt à considérer les intérêts des jeunes/adolescents en matière de loisirs. En tout cas, le quotidien est fortement déterminé par l'utilisation des médias (cf. OPASCHOWSKI 2006, 54-55).

L'utilisation du téléphone portable, d'Internet et de la télévision est dominante. Les rencontres avec le cercle d'amis sont fortement déterminées par le smartphone comme moyen de communication. L'Internet est tout aussi déterminant en raison de sa diffusion complète dans le cadre de vie des jeunes. Sur le plan socio-pédagogique, l'objectif est l'égalité des chances en ligne, mais dans la réalité, il existe des inégalités sociales.

Internet est devenu un lieu socioculturel pour les jeunes, un espace de vie virtuel où l'on participe à la culture. L'évidence d'une utilisation nécessite une critique. Les risques pour les jeunes (et les adultes) se situent dans les domaines de l'autodétermination informationnelle (protection des données) et de la protection de la sphère privée (cf. les services en ligne refusent de supprimer des informations les concernant). En outre, il faut tenir compte des abus possibles dans le cas de la cyberintimidation et du cyberharcèlement. Il en résulte la promotion de la compétence médiatique comme un aspect de l'action et de l'utilisation des médias.

L'animation jeunesse doit s'orienter vers les changements de la société. Outre les domaines d'activité scolaires, il convient également de prendre davantage en compte les domaines de formation extrascolaires.

Le champ d'action de l'éducation civique est impressionnant dans son ampleur, à l'exemple de l'utilisation des médias, et il est significatif pour l'ensemble de la société. Un savoir de base est une nécessité.

3 Défis actuels

3.1 Journalisme

Une connaissance du fonctionnement du journalisme dans une démocratie libérale fait partie d'une compréhension des conditions complexes.

Se pencher sur le journalisme pratique doit, dans ce qui suit, favoriser la compréhension du travail journalistique dans la diversité médiatique de la presse, de la radio, de la télévision et du numérique (cf. PÜRER 1996, MEIER 2018 ; AUS POLITIK UND ZEITGESCHICHTE 40-41/2018, 27-28/2019).

Au cours des dernières décennies, le public est devenu quasiment accro aux médias. Le nombre de domaines d'activité à couvrir n'a cessé d'augmenter et a nécessité des spécialisations. De plus, la phase de numérisation croissante a donné naissance à des possibilités d'entreprises autonomes et économiques.

Pour qu'une image de la réalité puisse se former, il est nécessaire d'orienter la relation complexe entre la communication et la construction de la réalité. Quatre contextes de la construction sociale sont proposés (cf. izpb 355 2/2023, 47).

• Système de médias < Contexte normatif - cadre général/ Lois, Conseil de la presse

• Organisations médiatiques < Contexte structurel - Maisons de presse, maisons d'édition, chaînes de télévision

• Déclarations des médias < Contexte de la fonction - recherche, sélection, présentation -pertinence des sujets

• Acteurs des médias < Contexte du rôle - Journalistes Remarque

informatique

Confiance dans les médias 2022/ Université de Mayence >●_
https://de.statista.com/statistik/daten/studie/827571/umfrage/entwicklung
-des- medienvertrauens-in-deutschland/ (22.10.2023)

3.2 Fake News, désinformation et Désinformation

Les fake news, la mauvaise information et la désinformation sont qualifiées de contenus médiatiques faux ou trompeurs (cf. izpb 355 2/2023, 49). Leur diffusion conduit la politique, la recherche et les utilisateurs des médias particulièrement actifs à diffuser des informations erronées. Le manque de confiance dans l'information joue un rôle dans la crédibilité des fausses nouvelles.

L'élection de Donald Trump en 2016 en tant que 45e président des États-Unis et le référendum sur le Brexit au Royaume-Uni peu avant ont été considérés comme les déclencheurs du débat sur les fake news et la désinformation. Les deux cas ont déclenché une recherche de raisons pour le comportement de vote respectif, le comportement d'utilisation des médias des citoyens avec les informations peu fiables et trompeuses disponibles ayant été trouvé comme une approche explicative. Des groupes fermés en ligne et une publicité personnalisée ont facilité la diffusion de telles informations.

3.2.1 Approches de UE

L'intérêt pour de tels effets a suscité des projets de recherche et des efforts internationaux pour identifier et combattre les campagnes de désinformation.

L'Union européenne, par exemple, a établi en 2019 un réseau de médias et d'institutions de recherche à l'échelle de l'UE, l'Observatoire européen des médias numériques.

Note informatique

Observatoire européen des médias numériques/EDMO >●
https://digital-strategy.ec.europa.eu/de/policies/european-digital-media-
observatory (23.10.2023)

3.2.2 Approches de l'éducation aux médias

Les quatre approches de Fake   Lutte contre les
nouvelles   sont limitées   efficaces. Une
approche combinée est préconisée (cf. izpb 355 2/2023, 51).

• Vérification des faits - rectification par la correction des
connaissances

• Indications de précision ("Accuracy Prompts") - Messages sur le
contenu

• Jeux sur Propriétés de Faux Nouvelles
("Serious Jeux")   - Sensibilisation

• Réflexion critique sur les médias - qualité et utilisation

Dans la promotion de l'éducation aux médias, il est important que la
société ne perde pas confiance dans le système médiatique. Une
approche différenciée facilite l'approche de la problématique, mais
l'éducation aux médias n'en reste pas moins une composante.

3.3 Cohésion sociale

Une ressource importante dans une démocratie libérale à côté de

• élections libres,

• l'État de droit avec séparation des pouvoirs,

• les droits de l'homme et une constitution

consiste en une cohésion sociale avec un public médiatique qui renforce les institutions démocratiques et permet la participation.

Les médias assurent une culture de la discussion/du discours politique et les différentes fonctions de la sphère publique (cf. izpb 355 2/2023, 55-56).

• Fonction de forum - domaines thématiques comme orientation, processus de décision et réflexion

• Fonction de légitimation - Représentants et représentés - Décisions/ Médias de masse

• Fonction d'intégration - Participation des citoyens - Participation - Communication

Bibliographie

Sont mentionnés les titres utilisés pour l'article et/ou cités directement.

Baacke D. (1996) : Medienkompetenz - Begrifflichkeit und sozialer Wandel, in : Rein A. v. (Hrsg.) : Medienkompetenz als Schlüsselbegriff, Bad Heilbrunn, 112-124

Baacke D. (2007) : Medienpädagogik, Tübingen

Betz J.- Schluchter J.-R. (éd.) (2023) : L'éducation aux médias à l'école et la numérisation dans le contexte du handicap et des désavantages, Weinheim

Brüggemann M.- Eder S.- Tillmann A. (éd.) (2019) : L'éducation aux médias pour tous. Numérisation-Participation-Diversité, Munich

Bundeszentrale für politische Bildung - Informationen zur politischen Bildung/ izpb 355 2/2023, La compétence médiatique dans un monde numérique, Bonn

Bundeszentrale für politische Bildung - Série Aus Politik und Zeitgeschichte : Politique des médias 40-41/2018, Numérisation 27-28/2019 > ●http://www.bpb.de/apuz (22.10.2023)

Erikson E.E. (1950) : Enfance et société, New York

Gapski H. - Oberle M.- Staufer W. (éd.) (2017) : Compétence médiatique. Herausforderungen für Politik, politische Bildung und Medienbildung, Bonn (épuisé) > ●
https://www.bpb.de/shop/buecher/schriftenreihe/medienkompetenz-schriftenreihe/ (22.10.2023)

Habermas J. (2022) : Un nouveau changement structurel de l'espace public et la politique délibérative, Berlin

Haselbrink U.- Schmidt J.-H. - Loosen W.- Schulz W. ((2020) : Médias

et cohésion sociale , in : Deitelhoff
N.-Groh-Samberg . O. -Middell M. (éd.) : Gesellschaftlicher
Zusammenhalt. Un dialogue interdisciplinaire, Francfort/M., 333-348

Herzig B.- Alexander M. (2018) : La formation des enseignants dans le
monde numérique. Aspects conceptuels et empiriques, in. Ladel S.-
Kopf J.- Weinberger A. (éd.) : Digitalisierung und Bildung, Wiesbaden,
89-113

Hessischer Rundfunk ●
https://www.hr.de/bildungsbox/unterrichtsmaterial/index.html
(19.10.2023)

Hessischer Rundfunk (19.10.2023) : Les machines prennent-elles le
relais ? > ●
https://www.ardmediathek.de/video/NTIxMDNIMWItNDI2Zi00MWQ5LTI
mNGY tYWYwZTk5YTA1MWYy (19.10.2023)

Iske St. (2015) : Medienbildung, in : Gross Fr. v.- Meister D.- Sander U.
(éd.) : Medienpädagogik - ein Überblick, Weinheim, 247-272

Jörissen B.- Marotzki W. (2009) : Medienbildung - eine Einführung :
Theorie- Methoden-Analysen, Bad Heilbrunn

Krappmann L. (1997) : Die Identitätsproblematik nach Erikson aus einer
interaktionistischen Sicht, dans : Höfer R. (éd.) : Identitätsarbeit heute :
Klassische und aktuelle Perspektiven der Identitätsforschung,
Frankfurt/M., 66-92

Krüger U. (2016) : Mainstream - Warum wir nicht mehr trauen den
Medien (Pourquoi nous ne faisons plus confiance aux médias), Munich

Luhmann N. (1996) : La réalité des médias de masse, Opladen

Medienpädagogischer Forschungsverbund Südwest (2017) : Étude FIM

2016. Famille, interaction, médias. Enquête sur la communication et l'utilisation des médias au sein de la famille, Stuttgart

Meier Kl. (2018) : Journalistik, Constance

Opaschowski H.W. (2006) : Introduction in die Freizeitwissenshaft, Wiesbaden Pürer H. (1996) : Praktischer Journalismus in Zeitung, Radio und Fernsehen Salzburg (Journalisme pratique dans les journaux, à la radio et à la télévision).
Sander U. - Gross Fr. v. - Hugger K.U. (éd.) (2022) : Manuel de

pédagogie des médias, Wiesbaden

Schill W.- Röllecke R. (éd.) (2018) : L'éducation aux médias inclusive.

Un livre de projet pour les professionnels de l'éducation, Düsseldorf

Süss D.- Lampert Cl. - Trültzsch-Wiljnen Cr.W. (éd.) (2018) :

Medienpädagogik : Ein Studienbuch zur Einführung, Wiesbaden

Documentation Formation

Diplom

Dr. Günther Dichatschek, MSc

geboren am 06.07.1942

hat am 21. Mai 2010 das wba-Diplom

Diplomierter Erwachsenenbildner
Schwerpunkt
Lehren/Gruppenleitung/Training

(60 ECTS) erworben.

Wien, am 21. Mai 2010

wba-Leiterin
Mag.ª Karin Reisinger

bifeb)-Direktorin
Dr.ⁱⁿ Margarete Wallmann

wba⁷
WeiterBildungsAkademie Österreich

bifeb)
bundesinstitut für erwachsenenbildung

Académie de la formation continue en Autriche/ Formation générale des adultes

Evangelische
Arbeitsstelle
Fernstudium

Zertifikat

für

Herrn
Dr. Günther Dichatschek MSc

über den erfolgreichen Abschluss des Fernstudiums

Grundkurs Erwachsenenbildung

Münster, den 22. März 2018

Dr. Gertrud Wolf

Leiterin der
Evangelischen Arbeitsstelle Fernstudium
im Comenius-Institut e.V.

37

Université de Salzbourg/ Didactique universitaire

Zertifikat HSD$^+$

Herr
Dr. Günther DICHATSCHEK, MSc

hat den

internen Lehrgang für Hochschuldidaktik

HSD$^+$ Erweiterungslehrgang (WS 2015/16)

an der Universität Salzburg im Ausmaß von 2 ECTS-Credits

erfolgreich abgeschlossen.

Salzburg, am 25. Februar 2016

Univ.-Prof. Dr. Jörg Zumbach
Lehrgangsleitung

Univ.-Prof. Dr. Erich Müller   Ao.Univ.-Prof. Dr. Rudolf Feik
Vizerektor Lehre   Vizerektor QM & PE

Personalentwicklung

38

Evangelische
Arbeitsstelle
Fernstudium

Zertifikat

für

Herrn
Dr. Günther Dichatschek MSc

über den erfolgreichen Abschluss des Fernkurses

Nachhaltige Entwicklung

der Evangelischen Arbeitsstelle Fernstudium im Comenius-Institut e.V.

Münster, 17. August 2020

Frau Dr. Ada Gertrud Wolf
Leiterin der
Evangelischen Arbeitsstelle Fernstudium
im Comenius-Institut e.V

Documentation en ligne Formation continue

CONEDU BMBWF > ●<u>http://www.erwachsenenbildung.at</u>

TEILNAHMEBESTÄTIGUNG

Hiermit bestätigen wir, dass Dr. Günther Dichatschek an der Online-Veranstaltung

Webinar: Medienkompetenz in der digitalen Gesellschaft

am 04.10.2023

im Umfang von 1,5 Stunden

teilgenommen hat.

Inhalte

- Medienkompetenz im digitalen Zeitalter
- Medienkompetenz in der Erwachsenenbildung
- Aufmerksamkeitsökonomie, Desinformation und Social Media
- Digitalität, Technologie und Technikfolgen

Folgende Lernergebnisse konnten erzielt werden:

- Die Teilnehmenden wissen um die Besonderheiten der Medienkompetenz im Kontext der Digitalisierung.
- Die Teilnehmenden kennen den Zusammenhang digitaler Medien mit politischer Bildung.
- Die Teilnehmenden haben Möglichkeiten kennengelernt, die Medienkompetenz erwachsener Lernender zu fördern.
- Die Teilnehmenden sind sich der Rolle der Erwachsenenbildung in Bezug auf Medienkompetenz bewusst.

DigiTalks sind interaktive Webinarformate von erwachsenenbildung.at, die sich inhaltlich mit Themen rund um das digital unterstützte Lehren und Lernen befassen. Die Teilnahme am DigiTalk ist kostenlos und steht allen Interessierten offen. Das DigiCamp ist eine interaktive Veranstaltung im Online-Barcamp-Format, bei der die Teilnehmenden selbst die Themen einbringen.

Graz, 04.10.2023

Mag. Wilfried Frei
Geschäftsführung

Mag.ª Dr.ª Birgit Aschemann
Bereichsleitung Digitale Professionalisierung

Diese Online-Weiterbildung wurde veranstaltet von CONEDU.

Die Organisationseinheit DigiProf - Digitale Professionalisierung in der Erwachsenenbildung des Vereins CONEDU ist mit dem Qualitätssiegel der oberösterreichischen Erwachsenen- und Weiterbildungseinrichtungen (EDQ) zertifiziert und ist Ö-Cert Qualitätsanbieter.

Verein CONEDU
ZVR: 167331476 | Registernummer 105/3/5
A-8020 Graz | www.conedu.com
verein@conedu.com

CONEDU

CONEDU wird gefördert aus Mitteln des BMBWF und ESF.

Bundesministerium Bildung, Wissenschaft und Forschung

40

erwachsenenbildung.at
Wissen vernetzt. Bildung wirkt.

TEILNAHMEBESTÄTIGUNG

Hiermit bestätigen wir, dass Dr. Günther Dichatschek an der Online-Veranstaltung

Webinar: Formatentwicklung 2023 – planen für die Zukunft

am 12.10.2023

im Umfang von 1,5 Stunden

teilgenommen hat.

Inhalte

* Innovative und flexible Formate
* Selbstgesteuertes Lernen
* Besonderheiten im Bildungsmanagement 2023
* Angebotsplanung

Folgende Lernergebnisse konnten erzielt werden:

* Die Teilnehmenden kennen aktuelle Besonderheiten der Formatentwicklung und Angebotsplanung
* Die Teilnehmenden wissen über veränderte Erwartungen und Bedürfnisse im Zuge der Digitalisierung Bescheid.
* Die Teilnehmenden haben Möglichkeiten kennengelernt, flexible Formate zu organisieren.
* Die Teilnehmenden haben reflektiert, worauf bei der Erstellung von neuen Formaten und Selbstlernkursen geachtet werden sollte.

DigiTalks sind interaktive Webinarformate von erwachsenenbildung.at, die sich inhaltlich mit Themen rund um das digital unterstützte Lehren und Lernen befassen. Die Teilnahme am DigiTalk ist kostenlos und steht allen Interessierten offen. Das DigiCamp ist eine interaktive Veranstaltung im Online-Barcamp-Format, bei der die Teilnehmenden selbst die Themen einbringen.

Graz, 12.10.2023

Mag. Wilfried Frei
Geschäftsführung

Mag.ª Dr.ª Birgit Aschemann
Bereichsleitung Digitale Professionalisierung

Diese Online-Weiterbildung wurde veranstaltet von CONEDU.

Die Organisationseinheit DigiProf – Digitale Professionalisierung in der Erwachsenenbildung des Vereins CONEDU ist nach der Qualitätsweegel der österreichreichischen Erwachsenen- und Weiterbildungseinrichtungen (ESK) zertifiziert und als Ö-Cert Qualitätsanbieter.

Ö CERT

CONEDU

TEILNAHMEBESTÄTIGUNG

Hiermit bestätigen wir, dass Dr. Günther Dichatschek an der Online-Veranstaltung

Webinar: Alles künstlich intelligent? Blick in die Zukunft

am 18.10.2023

im Umfang von 1,5 Stunden

teilgenommen hat.

Inhalte

- KI-Tools in der Erwachsenenbildung
- Anwendung von KI im Bildungsbereich
- Möglichkeiten und Grenzen von KI
- Sinnvoller Einsatz von generativer KI

Folgende Lernergebnisse konnten erzielt werden:

- Die Teilnehmenden haben Anwendungsmöglichkeiten von KI im Bildungsbereich kennengelernt.
- Die Teilnehmenden wissen über Möglichkeiten und Grenzen von KI-Anwendungen Bescheid.
- Die Teilnehmenden haben den Einsatz von KI in der Erwachsenenbildung kritisch reflektiert.
- Die Teilnehmenden kennen bildungsstrategische Überlegungen mit Blick auf KI.

DigiTalks sind interaktive Webinarformate von erwachsenenbildung.at, die sich inhaltlich mit Themen rund um das digital unterstützte Lehren und Lernen befassen. Die Teilnahme am DigiTalk ist kostenlos und steht allen Interessierten offen. Das DigiCamp ist eine interaktive Veranstaltung im Online-Barcamp-Format, bei der die Teilnehmenden selbst die Themen einbringen.

Graz, 18.10.2023

Mag. Wilfried Frei
Geschäftsführung

Mag.ª Dr.ª Birgit Aschemann
Bereichsleitung Digitale Professionalisierung

Diese Online-Weiterbildung wurde veranstaltet von CONEDU.

Die Digitalisierungseinheit DigiProf – Digitale Professionalisierung in der Erwachsenenbildung des Vereins CONEDU ist mit dem Qualitätssiegel der einschlägig anerkannten Erwachsenen- und Weiterbildungseinrichtungen (EBQ) zertifiziert und ist Ö-Cert-Qualitätsanbieter.

Verein CONEDU
ZVR: M773248784, Redeschmaße 108/2/5
A-8020 Graz | www.conedu.com
verein@conedu.com

CONEDU wird gefördert aus
Mitteln von BMBWF und BMF

Vers Auteur

APS-enseignement VS-HS-PL/ 1970, 1975, 1976 ; conseiller d'élèves (1975), conseiller en développement scolaire (1999) / certification ; membre de la commission d'examen du professorat pour les APS auprès du conseil scolaire du Tyrol (1993-2002)

Diplômé en sciences de l'éducation/ Université d'Innsbruck/ Doctorat (1985), du 10e cours universitaire en éducation politique/ Université de Salzbourg-Klagenfurt/ Master (2008), de l'Académie de formation continue d'Autriche/ wba/ Diplômes (2010), du 6e cours universitaire en compétence interculturelle/ Université de Salzbourg/ Diplôme (2012), du 4e cours universitaire en didactique des langues/ Université de Salzbourg/ Diplôme (2011). du cours interne de didactique universitaire/ Université de Salzbourg/ certification (2016), du cours par correspondance de base en éducation des adultes/ Centre protestant d'enseignement à distance/ EKD/ Institut Comenius de Münster/ certification (2018), du cours par correspondance de développement durable/ Centre protestant d'enseignement à distance/ EKD/ Institut Comenius de Münster/ certification (2020).

Chargé de cours à l'Institut des sciences de l'éducation/Université de Vienne - Pédagogie professionnelle - Formation préprofessionnelle/ VO-SE (1990-2011), au département d'histoire/Université de Salzbourg - Enseignement de l'histoire-sociologie-éducation politique-didactique de l'éducation politique/ SE (2016-2017)

Membre de la commission de formation de l'Église protestante autrichienne (2000- 2011), directeur adjoint de l'œuvre de formation protestante au Tyrol (2004-2009, 2017- 2019), directeur de cours à l'Université populaire de Salzbourg Zell/ See, Saalfelden et la ville de

Salzbourg / "Freude an Bildung" (2012-2019)

■ MAIL dichatschek (AT) kitz.net